David Francisco Camargo Hernández

Gualdo El Chacal Narcotraficante

David Francisco Camargo Hernández

Gualdo El Chacal Narcotraficante

Flagelo que azotaba a la selva

JustFiction Edition

Imprint
Any brand names and product names mentioned in this book are subject to trademark, brand or patent protection and are trademarks or registered trademarks of their respective holders. The use of brand names, product names, common names, trade names, product descriptions etc. even without a particular marking in this work is in no way to be construed to mean that such names may be regarded as unrestricted in respect of trademark and brand protection legislation and could thus be used by anyone.

Cover image: www.ingimage.com

Publisher:
JustFiction! Edition
is a trademark of
Dodo Books Indian Ocean Ltd., member of the OmniScriptum S.R.L Publishing group
str. A.Russo 15, of. 61, Chisinau-2068, Republic of Moldova Europe
Printed at: see last page
ISBN: 978-620-3-57741-9

FUNDACIÓN SUEÑOS DE ESCRITOR
GUALDO EL CHACAL
NARCOTRAFICANTE
Flagelo que azotaba a la selva
David Francisco Camargo Hernández

GUALDO EL CHACAL NARCOTRAFICANTE

Flagelo que azotaba a la selva

David Francisco
Camargo Hernández

Autor de numerosos libros
Ganador de premios
internacionales

Fundaescritor
2021

GUALDO EL CHACAL NARCOTRAFICANTE

Flagelo que azotaba a la selva

TABLA DE CONTENIDO

Introducción

Fuente: Google.com

Algunos animales de la selva consumían psicoactivos, la mayor parte de las veces lo hacían para purificarse, otros para aumentar su rendimiento, y otros con fines recreativos.

A la pantera le encantaban las sustancias embriagantes que a su vez le servían para limpiar el sistema digestivo ya que contenía nepetalactoae, un isopreno que se convertía en el sustituto de las feromonas sexuales felinas.

Una vez entraba en contacto con la hierba, comenzaba a rodar por el suelo, lamiendo y mascando la planta, emitiendo sonidos de satisfacción.

En vista de que había muchos consumidores para esa y otra hierbas, y que el mercado prometía ir en crecimiento, un chacal llamado Gualdo decidió hacerse de ese negocio y contrató algunos micos que se encargaban de recolectar las plantas que el chacal les indicaba, y que debían llevar a su madriguera para la trituración.

Entre las plantas que encargó estaba la valeriana por tratarse de un potente alucinógeno y el tomillo de gato una especie de viagra natural.

También la iboga, para venderla a los mandriles, ya que las raíces producían efectos alucinógenos y servía para aumentar la potencia y amortiguar el dolor causado por los golpes en las peleas.

Los frutos fermentados de la marula, para los elefantes que al consumirlos los hacía agitar las orejas, tambaleando la cabeza hasta caer dormidos.

Los animales al masticar e ingerir las hierbas sentían placer y agitación, lo que en ocasiones terminaba en rencillas.

Hasta oídos del rey león llegó el rumor del negocio que estaba haciendo Gualdo, quien se enriquecía comprando predios en la selva.

Desafortunadamente no tenía como acusarlo por la venta ilegal de plantas, a pesar de que estaba prohibida la comercialización en el reino.

Gualdo se cuidaba de hacer las transacciones de alucinógenos sin dejar rastros, apoyado por sus colaboradores que le advertían de cualquier movimiento del soberano, y esconder las evidencias.

Pero como no hay mal que dure cien años, Gualdo fue capturado y llevado a prisión.

Así comienza este cuento que no es cuento y por eso lo cuento.

Historia del narcotráfico en la selva

Fuente: Google.com

Antes del boom de las plantas alucinógenas en la selva, el negocio del narcotráfico estaba activo.

La economía del narcotráfico se incrementó con Gualdo el chacal, y creció en forma paralela a la economía legal y al desarrollo de las comunicaciones.

Con la comercialización de hierbas en la selva se inició una violencia indiscriminada y hasta entonces desconocida en el reino.

El Chacal ingresó al narcotráfico un sector altamente competitivo, de entrada, libre, en el que comenzó desde abajo y fue construyendo su propia banda de micos delincuentes y de rutas para sacar la mercancía.

Durante el gobierno del rey león se fue fortaleciendo la económica y con ella, Gualdo el chacal.

El chacal no se sentía culpable, y afirmaba que el problema era de los animales consumidores que ponían la demanda, y él simplemente se encargaba de suplirlos basado en su creatividad, para procesar y movilizar la mercancía sin ser descubierto.

La mala imagen en el reino fue motivada porque el rey león al no saber cómo controlar ese mercado, decidió crear una ventanilla siniestra, en la que se daba la oportunidad a los narcotraficantes que recibían dinero (representado en comida) de otros reinos y lo escondían en algún bosque de la selva, fuera de la jurisdicción del reino, lo repatriaran sin preguntar por sus orígenes.

Las élites entre las que se encontraban las hienas, los tigres, los osos, entre otros, consideraban el narcotráfico como algo positivo y sugerían que el capital de Gualdo y otros narcos fueran legalizado para que pagaran las obligaciones del reino.

Inicios de Gualdo como narco

Fuente: Google.com

Se trataba de un animal cuya apariencia y contextura, era confundida con el zorro y el coyote, pero éste tenía una anatomía diferente.

Sus orejas muy largas, su cuerpo lucía más delgado, con poco pelaje y el hocico alargado.

Toleraba muy bien los climas secos y podía vivir en diferentes hábitats, desde desiertos y pastizales, hasta bosques, campos de cultivo y zonas semirrurales. De ahí que Gualdo viajaba entre los diferentes reinos de la selva sin ninguna dificultad.

De su familia se sabía muy poco, su infancia fue de pobreza y soledad. Tuvo poco estudio y a duras penas aprendió a leer y a escribir.

En su vida criminal, varios hechos marcaron la historia de las autoridades que lo perseguían.

El chacal desde muy joven se robaba comida y la llevaba a su madriguera para su familia.

Se escondía durante el día y salía a cazar en la noche. Comía pequeños animales y plantas. Cuando cazaba en manadas capturaba animales grandes.

En su adolescencia, se dio a conocer por sus intenciones perversas, porque creó una banda de maleantes.

Cuando se enteró del consumo de plantas alucinógenas por parte de muchos animales de la selva, decidió indagar y se percató que había un enorme potencial si se dedicaba a producir y comerciar alcaloides, ya que tenían una gran demanda.

Al principio hizo las veces de intermediario entre los productores de drogas y aquellos que la transportaban hasta los lugares donde se comercializaba.

Hacia uso indiscriminado de la violencia y si las cosas no se hacían como él deseaba, liquidaba a mordiscos al culpable y seguía disfrutando de la presa que estuviera comiendo.

Como era ambiciosos pronto logró escalar el mundo de los estupefacientes y, a mejorar las condiciones de vida de los suyos.

Como la vida de los chacales era corta porque oscilaba entre los ocho y nueve años de vida, comenzó aprender rápidamente el oficio de triturar plantas como la valeriana, el tomillo de gato, la marula, la iboga entre otras consiguiendo dinero en grandes cantidades, y para protegerse de los peligros, colocó como guardaespaldas a dos enormes gorilas.

La característica que destacaba a Gualdo el chacal, era que lograba mantenerse sereno en las situaciones de alta tensión y, al contrario que muchos de sus monos colaboradores no consumían drogas.

Sobornaba a las autoridades para que le facilitaran las operaciones, de tal forma que él y sus secuaces no corrieran peligro, haciendo crecer su organización delincuencial, ya que la producción y venta de estimulantes iba en aumento a pesar de las prohibiciones en el reino.

Operación fallida para captura al chacal

Fuente: Google.com

La operación había sido concebida meses antes y muy pocos animales detectives sabían de ella.

De hecho, solo un par de días antes los búhos investigadores que participaron de la misma fueron informados sobre la importancia de quien iban a capturar y los detalles sobre cómo se iba a llevar para atrapar al chacal.

Gualdo siempre llevaba puesto un caparazón de tortuga en el pecho para blindarse.

El grupo que lo perseguía en esa oportunidad estaba constituido por rinocerontes militares, que una vez se enteraron de su ubicación, se colocaron en círculo aguardadando en un punto cercano al lugar donde se encontraba el chacal escondido para aprenderlo.

El chacal tenía un águila que le prestaba apoyo en caso de ser necesario, y ante el menor asomo de peligro se montaba en ella y huía de cualquier perseguidor.

El éxito, por la minuciosidad con que se había concebido el plan, al parecer estaba asegurando la operación.

Un mico perteneciente al círculo más íntimo del chacal y que hacía parte de su seguridad logró drogarlo con tomillo de gato, lo mismo que a sus escoltas, pretendía entregarlo a las autoridades a cambio de la recompensa que el rey león había prometido.

La entrega del chacal y sus escoltas se daría a las afueras de una hondonada, donde los rinocerontes lo estaban esperando para llevárselo.

Sin embargo, y dentro de lo que todavía se considera como un misterio, el chacal desapareció en algún punto de la selva.

Los búhos detectives encargados de su custodia manifestaron que al intentar capturarlo, sus armas se habían atascado y no pudieron detenerlo, dando tiempo a que se internara en la maleza, hasta llegar a un claro de la selva, donde se encaramó en un águila y escapó.

Gualdo se posicionó como el único animal capaz de reunir a narcotraficantes que operaban en otras regiones de la selva.

La transformación de las plantas corría por cuenta del chacal quien tenía laboratorios de su propiedad ocultos en lo alto de las montañas y las profundidades de la selva.

Una vez obtenido el alcaloide, las bandas criminales compuestas por micos, lo trasladan hasta los lugares de venta a través de las rutas preestablecidas, para colocar el producto en otros reinos.

Gualdo había logrado establecer contacto con algunos narcos de otras comarcas, que buscaban abastecerse de la droga que él suministraba de manera directa, sin la mediación de otros grupos delincuenciales.

Excentricidades de Gualdo

Fuente: Google.com

Gualdo el narcotraficante se dejaba llevar por los lujos que le brindaba la venta de las plantas y, gozaba de gran aprecio entre la comunidad moviéndose por todos los reinos de la selva con gran facilidad.

Los seguimientos realizados por las autoridades, permitieron identificar varios puntos claves por los que el chacal merodeaba.

El rey león ordenó arrojar panfletos desde las alturas de su reino por medio de guacamayas que volaban por todos lados, en los que se ofrecía mucho dinero, para quien denunciara al chacal y así de esa manera dar con su paradero.

Desconfiado y con una gran capacidad corruptora, Gualdo se jactaba de su astucia y de tener cómplices infiltrados en las fuerzas armadas del rey león, que le suministraban la información sobre cualquier operación en su contra.

Algunos habitantes que lo habían conocido, comentaban que bebía mucho, era promiscuo y organizaba fiestas con regularidad, a las que invitaba hembras que mandaba a buscar con sus escoltas.

Compraba extensiones de tierras, islas, cuevas lujosas y, su mito de no ser atrapado crecía cada vez más.

Laboratorios cerca de los lugares más poblados de la selva

Fuente: Google.com

Para reducir gastos de trasporte y de mano de obra Gualdo decidió instalar un laboratorio cerca del lugar más poblado del reino.

Al comienzo todo marchaba bien, pero con el tiempo los pobladores de esos lugares se percataron de movimientos extraños y permanentes de animales desconocidos, por lo que avisaron a las autoridades quienes descubrieron un laboratorio con objetos e insumos para tratar las plantas alucinógenas.

Estalló un narco escándalo en el reino porque en esos operativos allanaron una finca de un prestigioso hipopótamo que ocupaba un alto cargo en el reino, donde se encontró gran cantidad de alcaloides.

El caso se concentró en responder si el hipopótamo sabía o no de la existencia del laboratorio, y lo que se producía.

Más allá de la controversia, para los investigadores lo más llamativo fue su ubicación estratégica y su cercanía al centro más poblado, convirtiéndose hasta ese día en un paraíso para la producción de estimulantes, que permitía disminuir costos de transporte y almacenamiento, pero que gracias a los informantes había sido descubierto y desmantelado.

La conclusión que sacaron de ese acontecimiento, fue que la guerra del narcotráfico ya no se libraba en las selvas más profundas.

En el lugar de los hechos encontraron racimos de bananos cargados de hierbas alucinógenas, y en pulpa de frutas lista para ser enviada a otros reinos.

Lo paradójico del caso fue que, según informes de los reinos unidos de la selva, en las aproximaciones a los lugares donde más se concentraban animales no había ni una sola hectárea de plantas estimulantes sembradas.

El negocio consistía en traerlas desde lejos, triturarlas y procesarlas en ese lugar, para venderlas aumentando el precio que se obtenía al hacerlo en otras partes más lejanas.

Ante la expansión del narcotráfico, todas las rutas asociadas al aeropuerto del reino fueron alertadas, para que se intensificaran los controles.

El haber tenido Gualdo ese laboratorio le dio la ventaja de camuflar con más facilidad las plantas, permitiendo una mayor movilidad de insumos.

La aparición de los laboratorios en las narices de las autoridades preocupaba, porque era factible que se aumentara la corrupción y las guerras entre narcos por el control de los territorios, lo mismo que ajuste de cuentas y violencia.

Cómplices de Gualdo en el área de vuelo

Fuente: Google.com

Los medios de comunicación del reino conocieron audios y chats, en los que quedaba registrado cómo algunas autoridades ayudaban a los micos que cargaban los alcaloides para no ser detectados en el las zonas de despegue de las aves.

La Fiscalía del reino descubrió que esa presunta red, reclutaba paseantes para llevar el estupefaciente a otros reinos.

Entre los capturados se encontraron dos tucanes, quienes habrían permitido que algunos viajeros llegaran a la sala de abordaje cargando alcaloide sin ser obstaculizados.

En las interceptaciones de las comunicaciones se escuchó sobre la posibilidad de cambiar a funcionarios de la seguridad en el aeropuerto para facilitar el ingreso de los pasantes con alcaloides.

A los implicados, se les imputaron los delitos por narcotráfico de estupefacientes y concierto para delinquir agravado.

Captura de Gualdo

Fuente: Google.com

Gualdo pasó a encabezar la deshonrosa lista del chacal más buscado de la selva y, por cuya captura se ofreció mucho dinero.

En investigaciones que se efectuaron quedó al descubierto la alianza ilícita de Gualdo con bandas criminales de otras regiones, y nexos con las autoridades de alto rango que trabajaban en el aeropuerto.

Cierto día la policía del reino desarrollo un operativo sorpresa en una madriguera lujosa, gracias a la llamada oportuna de un anónimo que alertó de la posible presencia del chacal en ese lugar.

Para los búhos del cuerpo investigador, fue una gran noticia, ya que habían perdido el rastro del chacal.

En el proceso de recolección de información se encontraron pruebas que indican que el chacal se iba a presentar en ese sitio, disfrazado como un reconocido empresario del sector inmobiliario, maniobra que anteriormente le había permitido adquirir propiedades en otros reinos.

La captura de Gualdo fue rápida y sin derramamiento de sangre, lo que para él fue una gran sorpresa, y en el operativo también se detuvo a los principales integrantes de la red de narcotráfico señalados de ser testaferros del chacal.

A su nombre se encontraron registradas varias guaridas de acuerdo con la información suministrada por las autoridades que desarrollan la investigación.

Contra Gualdo se inició un proceso de extinción de dominio a todas las guaridas de propiedad del implicado.

Finalmente, luego de ser encarcelado por narcotráfico, se conoció que también debía responder ante las autoridades por los delitos de enriquecimiento ilícito, lavado de activos y concierto para delinquir agravado.

Simposio de los gobernantes de la selva para acabar con el narcotráfico

Fuente: Google.com

Algunos pensadores de los reinos preocupados por el azote de las drogas, consolidaron un documento en el que se cuestionó la política antialcaliodes de "mano dura" que desarrolló un tigre gobernante de otro reino, quien había empleado acciones extremas, como, por ejemplo, arrojar a las hienas a quien estuviera comprando o vendiendo alucinógenos, para que lo devoraran vivo.

Muchos de los participantes en esa reunión consideraban que el mercado de alucinógenos era un asunto de seguridad de todos los reinos y, que requería la colaboración de consumidores y productores de alcaloides para acabar con ese flagelo.

No bastaba luchar empleando la fuerza, o mediante campañas propagandísticas, para erradicar el consumo de estupefacientes y desmantelar a los cárteles.

La lucha contra el narcotráfico no se podía ganar eliminando a los delincuentes de poca monta, tampoco a los adictos, sino entendiendo que se trataba de un problema social.

Fumigar y quemar los cultivos para erradicar la producción de alucinógenos aportaba poco y afectaba la salud de los pobladores de la selva.

Con medidas represivas el tráfico y el consumo de drogas lo único que lograba, era que los traficantes migraran a otras latitudes donde las leyes fueran más laxas y tuvieran menos controles.

Se debía despenalizar el consumo de alucinógenos y su regulación por cada reino.

Ofrecer tratamiento a los animales consumidores de alcaloides.

Se requería de una estrategia para acabar con las ganancias obtenidas de la venta ilícita de substancias psicoactivas.

Muchos animales narcotraficantes tenían un sentimiento de marginación, de adicción a los estupefacientes y, la falta de un propósito de vida los impulsaba a seguir ese camino, por lo que se requería de educación desde edades tempranas en las familias y reducir los niveles de pobreza en la selva.

Se debía desmotar la falsa creencia que disfrutar de la vida era sinónimo de tener lujos, accediendo a ellos a través del "dinero fácil".

Se debían implementar políticas de la no violencia.

Algunos de los participantes al simposio propusieron que a los narcotraficantes de la selva les fueran impuestas penas de acuerdo con la importancia dentro de la organización criminal.

Otros propusieron que se legalizara la producción y venta libre de los opioides para que, así de esa manera cayera el precio y los narcotraficantes desistieran del negocio.

Moraleja: *¡el narcotráfico no paga, solo causa dolor, sufrimiento y muertes inútiles!*

FIN

Estadísticas de consumo de drogas en el mundo 2019

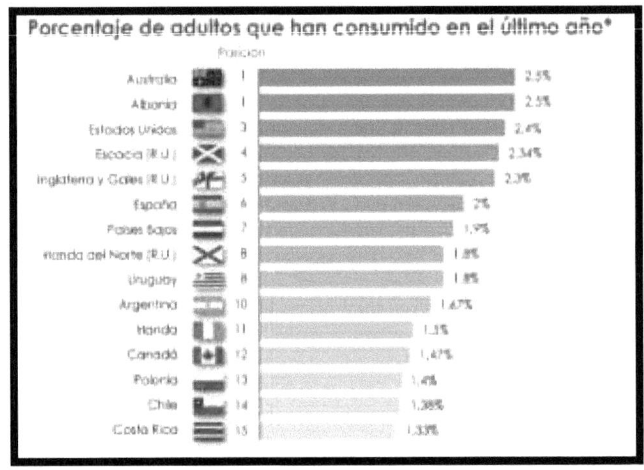

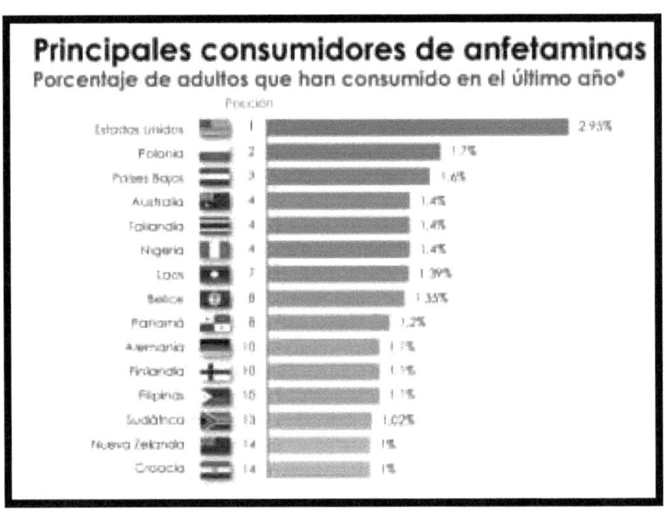

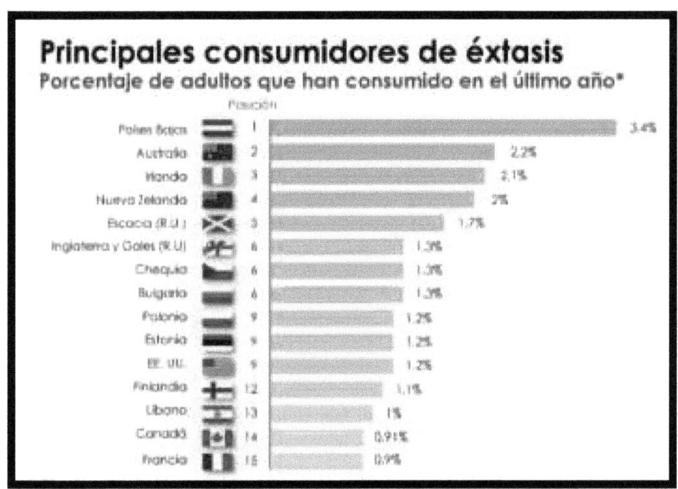
Principales consumidores de éxtasis
Porcentaje de adultos que han consumido en el último año*
Países Bajos
Australia
Irlanda
Nueva Zelanda
Escocia (R.U.)
Inglaterra y Gales (R.U)
Chequia
Bulgaria
Polonia
Estonia
EE. UU.
Finlandia
Líbano
Canadá
Francia

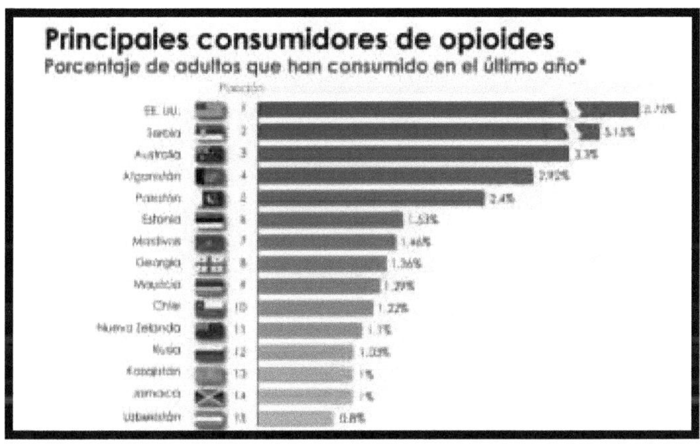
Principales consumidores de opioides
Porcentaje de adultos que han consumido en el último año*
EE. UU.
Australia
Estonia
Georgia
Chile
Nueva Zelanda
Rusia

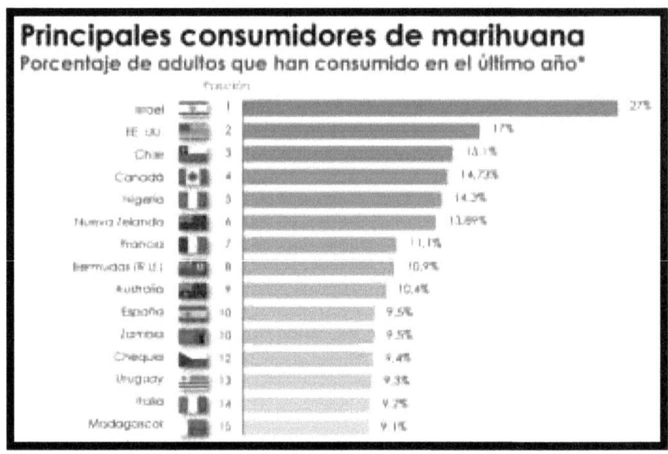
Principales consumidores de marihuana
Porcentaje de adultos que han consumido en el último año*
Canadá
Nueva Zelanda
Francia
Australia
España
Chequia
Uruguay
Madagascar
27%
17%
14,73%
13,89%
11,1%
10,9%
10,4%
9,5%
9,5%

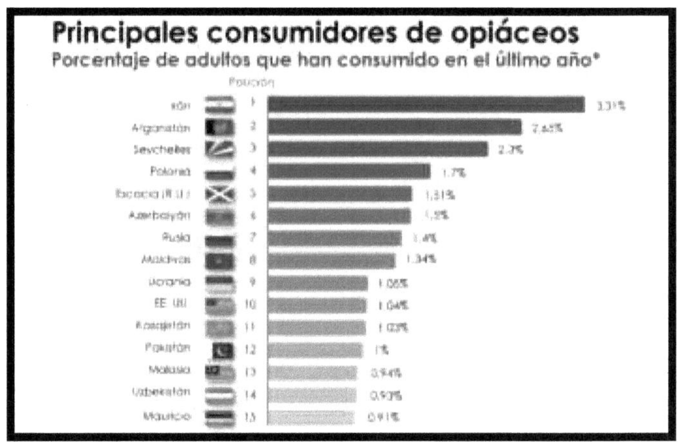
Principales consumidores de opiáceos
Porcentaje de adultos que han consumido en el último año*
Seychelles
Polonia
Rusia
EE. UU.
Pakistán
Malasia
Mauricio
2,3%
1,7%
1,31%
1,34%
1,04%
1%

Chistes sobre narcotráfico

Fuente: Google.com

Fuente: Google.com

Fuente: Google.com

Fuente: Google.com

Algunas publicaciones

(Autor de más de 200 libros)

MICRONOVELAS
DE LA COTIDIANIDAD
La
OLLA
Fundación
Sueños de
Escritor
David Francisco Camargo Hernández

LA MACRO REGIÓN FRONTERIZA EL MEJOR "MURO" PARA
EVITAR LA MIGRACIÓN MEXICO-EEUU
GENERANDO CRECIMIENTO ECONÓMICO Y SOCIAL
DAVID FRANCISCO CAMARGO HERNÁNDEZ
EDICIONES DAFRA

FUNDACIÓN SUEÑOS DE ESCRITOR
INMORALANDIA
Paises doble moral
David Francisco Camargo Hernández

DAVID FRANCISCO CAMARGO HERNÁNDEZ
MALGENIOLANDIA
OBRA DE TEATRO
UN LUGAR DE PERSONAS MALHUMORADAS
FUNDAESCRITOR-DAFRA

DAVID FRANCISCO
CAMARGO
HERNÁNDEZ
POLIFONÍA
MUSICAL
FOLCLOR POPULAR
FUNDACION
SUEÑOS DE
ESCRITOR
Ediciones
Dafra

Fundación Sueños De Escritor

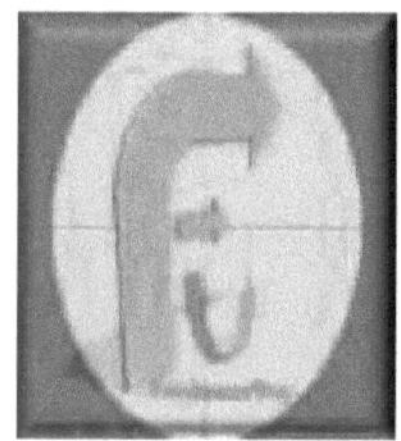

fundaescritor@hotmail.com

Ayúdenos A Ayudar.

Printed by Books on Demand GmbH, Norderstedt / Germany